EXPOSÉ

FAIT au Conseil général de la Commune, par les Administrateurs au Département des subsistances & approvisionnemens,

Sur l'état actuel du Commerce de la Boucherie dans la Capitale.

1791.

MÉMOIRE

Sur l'état actuel du Commerce de la Viande dans la Capitale.

DEPUIS quelque tems le Public, bien raf-sûré contre toute efpèce de difette en grains & en farines, voyant le prix du pain defcendu de lui-même au-deffous de la dernière taxe, a porté avec inquiétude fes regards fur la viande.

Le prix de cette denrée de première néceffité eft, par fucceffion de tems, monté à un taux qui permet difficilement à l'homme peu fortuné d'en approcher.

Le Public a vu le prix du pain baiffer; il a dû defirer de voir baiffer en proportion le prix de la viande.

Il a vu le nombre des Bouchers s'accroître, en fort peu de tems, de près de moitié; il a pu en conclure que le commerce de la Boucherie donnoit des gains confidérables.

Il a vu une armée de Marchands forains, appellés Mercandiers, l'affaillir, lui offrir de la viande à un prix inférieur à celui des Bou-

A

chers. Il a dû s'étonner de voir ces derniers continuer de vendre à un prix plus élevé; Il a demandé une diminution; c'eſt le vœu de pluſieurs Sections de la capitale.

Le Public a jugé d'après des faits bien connus de lui : c'eſt à une Adminiſtration, honorée de ſa confiance, de l'inſtruire de ceux qu'il ne connoit pas.

Aſſez long-tems on a commandé au Peuple l'obéiſſance par des ordonnances, aujourd'hui il eſt de notre devoir de le convaincre par des raiſons.

L'expérience apprend qu'il n'y a que l'abondance d'une denrée qui puiſſe en procurer le bon marché. Aucune loi ne peut ſuppléer l'abondance.

Convaincu de cette grande vérité, perſuadé que toute ſorte de taxe, loin de procurer cet avantage, écarte le marchand, fait diſparoître la marchandiſe & produit toujours, avec la rareté de la denrée, l'augmentation de ſon prix, le Public demandera que toute entrave ſoit briſée, & que le Commerce ſoit abandonné à la liberté qui fait ſon eſſence.

Le Département des ſubſiſtances a déjà reconnu & conſacré ce grand principe.

C'eſt à la liberté du commerce, c'eſt à l'abondance des grains, à leur libre circulation,

à la concurrence des vendeurs qu'il a abandonné le foin d'amener le prix du pain à un
taux qui, déjà modéré, peut diminuer encore
par le concours heureux de ces difpofitions.

Ce principe, bon pour le commerce des
grains & des farines, eft applicable à celui des
beftiaux. Mais peut-il aujourd'hui nous pro-
mettre les mêmes fuccès, les mêmes réfultats?
Il ne faut pas encore s'en flatter.

Nous ne fommes pas pour les beftiaux dans
la même fituation que pour les grains : fans
être dans la difete des premiers, nous ne
fommes pas dans l'abondance.

De tout tems la France, qui peut exporter
le quart des grains qu'elle récolte, eft, pour
les beftiaux, tributaire de la Suiffe & de l'Allemagne.

En maintenant, durant quelques années la dé-
fenfe de l'exportation, la nation peut faire def-
cendre le prix des grains aux taux qu'il lui
plaira de fixer. Cette reffource lui eft abfolument interdite dans le commerce des beftiaux,
puifque, loin d'en pouvoir exporter, la France
ne peut même fuffire à fa confommation : &
quand elle y fuffiroit, la même difpofition ne
produiroit pas encore un effet auffi fenfible,
auffi durable.

Entre plufieurs raifons qui établiffent cette

différence, nous nous arrêterons à une seule. Une année de difete en grains eft facilement oubliée quand il lui fuccède une année d'abondance, tandis que, dans le commerce des beftiaux, il faut près de dix ans pour réparer les ravages, foit d'une épizootie, comme en 1776, foit de deux années de féchereffe, comme en 1784 & 1785.

Mais enfin, quelque foible que puiffe être aujourd'hui l'influence de la Liberté fur ce commerce, toujours eft-il vrai que ce principe ne peut influer qu'en bien, & que le principe contraire, la Taxe, ne peut que le paralyfer & le frapper de ftérilité.

Nous l'avons expofé plus haut : la taxe ne fupplée point l'abondance, & l'abondance feule peut faire diminuer le prix de la denrée. Ce n'eft donc point la taxe, mais bien les moyens de procurer l'abondance qui doivent occuper les adminiftrations générales & particulières.

C'eft à l'Adminiftration Générale de l'Empire, c'eft aux adminiftrateurs particuliers des Municipalités, c'eft à l'Adminiftration de Paris qu'il convient de prendre les méfures le plus fûres & les plus actives à cet effet.

Pour y parvenir, que l'Adminiftration Générale encourage par-tout les moyens poffibles la Population, de manière qu'elle élève le produit à la hauteur de la confommation. Que les adminiftrations particulières, celle de Paris fur-tout, écartent les brigandages qui augmentent fans fruit & en pure perte la dépopulation.

Nous allons découvrir à nos concitoyens notre pofition actuelle, & les caufes de la rareté de la denrée. Nous nous concerterons avec eux pour en chercher le remède, pour en détruire infenfiblement les abus, pour prévoir ainfi que pour fixer le moment où nous pourrons jouir de l'abondance réelle, d'où réfultera le bas prix. Nous invitons avec inftance tous ceux qui auront des moyens fûrs à nous les communiquer; nous les emploierons avec zèle & célérité.

Parmi les caufes de la cherté dont nous nous plaignons, il en eft qui font favorables au commerce & aux cultivateurs. C'eft l'agrandiffement rapide que l'on remarque depuis 16 ans dans cette capitale. C'eft la population immenfe qu'elle a renfermée jufqu'en 1789.

Plufieurs autres font dues à l'inftempérie des faifons, & plufieurs enfin proviennent des abus afreux contre lefquels la population la plus active lutteroit avec défavantage, fi l'efpoir des fages réglemens ne nous en promettoit la fuppreffion.

A 3

Entrons dans les détails. Découvrons les maux, & tâchons d'appliquer les remèdes.

Depuis seize ans la capitale s'est peuplée considérablement. Mais les herbages des provinces nouricières n'ont pas été rechargés de bestiaux en proportion de cette population rapide.

Il y a quinze ans, une seule boucherie alimentoit Paris durant le carême. L'on ne consommoit alors pendant cet intervalle qu'environ 3600 bœufs. Depuis quinze ans, le commerce des boucheries a été libre, & si le Public a moins consommé de légumes & de poissons frais, secs ou salés, s'il a fait usage d'une nouriture plus saine & généralement moins chère, il en est résulté, qu'au lieu de 3600 bœufs qui suffisoient pour les six semaines, il s'en consomme actuellement, dans cet espace de tems, plus de 8000.

Les provinces ont imité la capitale, & partout le royaume la consommation, augmentée du double durant ces six semaines, a fait anticiper sur les approvisionnemens que l'on mettoit ci-devant comme en réserve pour l'intervalle de Pâques à la Pentecôte.

On doit observer que cette augmentation de consommation, dans une saison de l'année où la denrée est déjà rare, a dérangé toutes les habitudes.

Depuis des siècles , chaque province par ses marchés , par ses foires régulières , fournissoit à des époques constantes & déterminées des bœufs qui arrivoient & se vendoient en pleine maturité. Cette augmentation soudaine de la consommation a interverti l'ordre. Toutes les fournitures ont été anticipées. Les bœufs se consomment avant l'âge. Ils sont tués trois & quatre ans trop tôt , & l'on ne peut calculer les suites de ce mouvement imprimé sans préparation au commerce , tandis que d'autres causes accélèrent la dépopulation.

En 1776 , une épizootie se manifesta avec violence dans plusieurs provinces. On opposa à ce fleau destructeur des remèdes insuffisans. Le mal augmenta , & , pour l'arrêter il fallut , dans bien des endroits , tuer & enterrer les animaux attaqués.

On se rappelle encore la sécheresse extrême des années 1784 & 1785. Le commerce des bestiaux en reçut les coups les plus terribles. Beaucoup d'élèves furent abandonnés. Les herbages furent déserts , & le cultivateur fut contraint de vendre dans les campagnes des bœufs de *maigrage* qu'il ne pouvoit nourrir , & que l'herbager nourrisseur ne pouvoit acheter. La secousse fut telle , dans ces tems trop près de nous , que , si le gouvernement n'eût fait venir à grands frais de la Suisse & de l'Allemagne environ sept mille huit cents bœufs, le prix de la viande se feroit élevé à un taux exorbitant, peut-être à seize ou dix-huit sols la livre.

Ce ne fut qu'en 1786 que l'on put songer à réparer nos pertes, & s'occuper de nouveaux élèves qui, ne pouvant parvenir à leur maturité qu'à l'âge de 7 ou 8 ans, ne nous promettent de ressource assûrée que pour 1793 & 1794.

Malgré ces trois causes de la cherté actuelle, la viande auroit pu, à différentes époques, notamment en août dernier, éprouver une diminution sensible & de quelque durée, si la consommation forcée & extraordinaire qui eut lieu en juillet dernier, & la prime, qu'il fut de la sagesse du gouvernement d'accorder, n'avoient encore diminué les approvisionnemens & rendu impossible la réduction du prix.

Enfin, une cause bien plus prochaine de la cherté vient de l'abus du mercandage. Nous allons la dévoiler. Mais quelques réflexions sont nécessaires pour bien entendre ce qu'il nous reste à dire à cet égard.

Le commerce de boucherie diffère sous tous ses rapports de tous les autres commerces. Le prix de la viande éprouve périodiquement une hauffe & une baiffe dans des tems certains ; & à des époques régulières.

Le tems d'abondance & du bas prix eft toujours d'août en décembre. De janvier en avril les prix augmentent graduellement : & l'époque de la plus grande cherté eft conftamment depuis Pâques jufqu'au mois d'août.

La marchandife ne peut s'emmagafiner. Le bœuf, forti des pâturages & rendu fur le marché, doit fe vendre & fe confommer de fuite. Huit jours de garde le feroient diminuer de vingt-cinq livres. On ne peut, dans la faifon d'abondance, s'approvifionner pour la faifon difficile ; & cependant, depuis des fiécles, la viande s'eft toujours vendue à Paris à un prix uniforme toute l'année.

De cette difpofition il réfulte que les débitans, au moment de la cherté, perdent, & qu'ils doivent gagner au tems de l'abondance. La Raifon veut que ceux qui fe font foumis aux pertes, puiffent recueillir les bénéfices.

Cet adage de la raifon étoit devenu une loi pofitive ; & des réglemens, peut-être plus févères que juftes, ayant fixé le nombre des étaux, vouloient que les bouchers, qui ouvroient à Pâques, & contractoient à cette époque l'engagement de tenir continuellement leurs étaux garnis, euffent feuls le droit de faire le commerce de boucherie pendant toute l'année. Ces réglemens ne souffroient pas que, pendant les mois d'abondance, depuis août jusqu'en décembre, de nouveaux concurrens vinssent enlever aux bouchers le bénéfice destiné à les indemniser des pertes antérieures.

Nous n'entrerons pas aujourd'hui dans la discussion relative à la nécessité ou à l'inutilité de ces loix qui établissent le droit d'étal. Il en sera question dans les renseignemens demandés par l'Assemblée Nationale. Nous n'examinerons ici que les abus auxquels leur infraction a donné naissance.

Depuis quelques années; (& c'est depuis cette époque que nous voyons l'augmentation progressive de la viande) les mercandiers en ont fait le commerce. Leur nombre fut d'abord très-petit. La police crut qu'il falloit fermer les yeux sur des abus dont elle ne prévoyoit pas les suites. Le nombre des mercandiers s'est accrû; la tolérance de la police devint plus grande; elle leur donna même une sorte d'existence légale, en consentant à l'établissement d'un échaudoir à Vincennes. Enfin, depuis la révolution, le nombre s'en est tellement augmenté, que, sur le carreau des halles, dans toutes les rues, sur les places, aux portes des promenades & des églises, dans les boutiques,

dans les allées, en plein air, sous des para-
sols, & sur des éventaires, on ne voit plus que
de la viande. Eh quelle viande le plus souvent,
si l'on en excepte le mouton !

Il sembleroit, au premier apperçu, que ce
concours de marchands annonceroit une abondance réelle de la denrée. On croiroit que la
concurrence doit tourner au profit du consommateur. Le contraire arrive cependant. Cette
abondance factice & cette concurrence réelle
ont occasionné sur les marchés un sur-hausse-
ment de prix.

C'est vers le mois d'août, au moment du bas
prix, que les mercandiers se mettent en acti-
vité. Ils se répandent dans les marchés, au
nombre de trois à quatre cents, &, doublant
ainsi le nombre des acheteurs, ils maintiennent
naturellement le prix de la denrée. Ils se pré-
sentent dans cette concurrence, avec un grand
avantage sur les bouchers. Ils n'ont pas comme
eux à réparer les pertes faites au printems;
ils peuvent donc, à quelques égards, *surpayer*
ou faire soutenir le prix de la marchandise,
au moment où il devroit baisser.

Si, par leur présence sur les marchés, les
mercandiers entretiennent le haut prix, ils le
soutiennent d'une autre manière, par les achats
furtifs qu'ils font dans les fermes, & chez les

nourisseurs qui avoisinent la capitale. Les bestiaux des environs, soit moutons, soit vaches, cessant de se rendre aux marchés, les prix s'élèvent en raison de ce que ces marchés sont moins garnis. Ce fait n'est malheureusement que trop prouvé. Nous offrons la comparaison des quantités de vaches & de moutons exposés en vente sur les marchés, pendant les mois de novembre & de décembre 1789, avec la quantité des mêmes espèces débitées dans les mois correspondants de 1790; &, quoique la consommation, principalement celle du mouton, ait été immense cette année, & au moins aussi forte qu'en 1789, il y a eu en 1790, pendant ces deux mois, un tiers de moins de moutons exposés sur les marchés. N'est ce pas une preuve évidente de la dépopulation exercée autour de Paris par ces mercandiers, & cet énorme abus ne doit-il pas solliciter la plus sévère surveillance ?

Dans la concurrence pour l'achat, les mercandiers ont l'avantage sur les bouchers. Ils le conservent encore dans la vente au détail & par d'autres moyens.

Nous ne parlerons pas de l'habitude où ils font de frauder les droits d'entrée. Nous ne dirons pas que leurs frais sont peu considérables, qu'ils payent peu de loyer, qu'ils font tuer à

Vincennes, ou dans d'autres endroits, en commun. Ce font autant de moyens d'épargne dont ils jouiffent. Mais nous difons qu'ils n'expofent le plus ordinairement qu'une forte de viande, celle dont l'abondance actuelle peut leur procurer le plus de bénéfice, le mouton, par exemple, qui, dans les mois d'août & de décembre, n'eft pas très-cher.

Ils ne font pas, comme les bouchers, obligés de s'affortir de toutes fortes de viandes. Le veau, fouvent cher, leur donneroit de la perte; le bon bœuf ne leur donneroit pas de profit. Ils ne s'attachent donc qu'à la viande de la plus baffe qualité. Ils n'ont qu'un tems très-court pour débiter : leur bénéfice doit être prompt & réel. Que leur importe fur quelle viande ils réalifent leur gain ?

Voyons ce qui réfulte de cette double concurrence dans l'achat & dans la vente.

1° Le prix de la denrée ne baiffe point en proportion de l'abondance qui fe trouve fur les marchés.

2° Le boucher, que cette concurrence fatigue, qui n'a pas de bénéfice au printems, qui ne peut plus réparer fes pertes, au moment de l'abondance, eft obligé de vendre plus cher dans la faifon difficile.

3° Le forain qui approvifionne, augmente

fon prix. L'herbager nouriffeur fait de même. Delà les fermages portés à des prix exceffifs, qui ne permettent plus de vendre à un prix modéré. Delà les réclamations de ces herbagers nouriffeurs, qui, prêts à abandonner l'engrais, follicitent à l'Affemblée Nationale, la réfiliation de leurs baux.

Nous avons expofé que, fi les mercandiers produifent la cherté par la concurrence, ils l'entretiennent encore par une dépopulation qu'ils étendent outre mefure.

Pour conferver fa réputation & fes habitudes, le boucher, foumis à une infpection, ne peut expofer en vente que de la viande faine & de bonne qualité.

Le mercandier, qui n'eft pas connu, qui n'a point de pratiques affûrées, puifqu'il ne vend que pendant quelques mois, qui n'eft fixé à aucun quartier, qui, le plus fouvent, eft à Paris fans domicile, & qui fe fouftrait à toute infpection, le mercandier achete & vend indifféremment toutes les parties de viande qui fe préfentent.

Des réglemens fages, qui veillent à la fanté des citoyens & à la population des beftiaux, ne livrent au boucher que des vaches qui ne peuvent plus porter, que des veaux qui ont au moins fix femaines. Le mercandier tue des vaches laitières, qui peuvent encore porter, des veaux de quelques jours, quelquefois de 24 heures, une quantité innombrable de brebis pleines. Il employe à la fois tous les moyens de deftruction. Peu lui importe que la viande foit mal-faine, que l'animal foit tombé fous le couteau, ou foit péri de maladie. Tout lui convient. Une feule chofe l'intéreffe ; c'eft le bas prix.

Nous avons fous les yeux les états d'entrées aux barrières des diverfes viandes mortes ; & nous voyons, depuis trois mois, plus de 3,500 chêvres qui ont été confommés à Paris. Eft-ce fur les étaux des bouchers que le débit s'en eft fait ? Eft-ce le boucher qui vend de la viande de cheval ? Eft-ce le boucher qui débite du porc pour du veau ? N'eft-ce pas, au contraire, le mercandier qui trompe la claffe nombreufe & indigente du peuple qui, féduit par le bas prix, devient dupe de fes propres befoins ?

Cependant, à cet amas de viande mal-faine, dégoûtante & qui ne coûte prefque rien, le mercandier eft contraint, pour s'en déba-raffer, d'ajouter une égale quantité de viande de mouton qu'il paye plus cher. En confondant & mélangeant toutes ces viandes, il obtient un prix commun au-deffous de celui des bou-chers. Ce bas prix attire le confommateur, & lui fait tiercer en pure perte fa confommation.

Un seul exemple donnera l'évidence de cette affertion. Un ouvrier malade , attiré par le bas prix , achete au mercandier trois livres de viande à huit fous. Elle ne lui donnera pas une bonne nourriture. Il pourra en être incommodé. S'il eût pris deux livres de bonne viande, à dix fous , il eût épargné un fixième fur fa dépenfe , & un tiers fur la confommation. Il eſt bon d'obferver que le débit de ces fortes de viandes eſt extrême , puifque , au feul échaudoir de Vincennes , il s'égorge plus de 2,000 moutons par femaine , pendant environ quatre mois de l'année.

D'après ces faits conſtans , d'après ce que nous avons expofé dans ce mémoire , doit-on s'étonner du prix où la viande de mouton monte à chaque printems ? Ne s'embleroit-il pas que les mercandiers ont juré la deſtruction de l'efpèce ?

Nous terminerons ici l'énumération des caufes qui ont produit & produifent encore la rareté de la marchandife , & par conféquent le haut prix dont le public fe plaint avec raifon. Nous en avons expofé les caufes principales en négligeant plufieurs caufes de moindre influence qui prennent toutes leur fource dans celles que nous avons indiquées. En les réfumant , elles fe réduifent à celles-ci.

1° La

1º La capitale s'eſt aggrandie. La conſom-
motion s'eſt augmentée en proportion.

2º La conſommation de la viande eſt encore
augmentée par la liberté de la vente pendant
le carême. La population des beſtiaux ne s'eſt
point élevée en proportion. Il en eſt réſulté
un déficit annuel qui néceſſitant des anticipa-
tions ſucceſſives, a influé, d'une manière ſen-
ſible, ſur l'abondance de la denrée, tant ſur le
nombre que ſur le poids des beſtiaux. Un bœuf
de ſix-cens péſant, conſommé à l'avance, eût
peſé cent ou cent-cinquante livres de plus,
s'il eut été conſervé encore un an ou dix-huit
mois. Il en eſt de même des veaux. On les
tue trop jeunes, & nous perdons conſtamment
en qualité & en poids. Auſſi n'eſt-il que trop
réel que nous anticipons, d'une manière ex-
ceſſive, ſur nos approviſionnemes ultérieurs,
& que, pour ainſi dire, nous eſcomptons nos
ſubſiſtances.

Enfin les autres cauſes ſont l'épizootie de
1776, les ſéchereſſes de 1784 & 1785, &, par-
deſſus tout, les abus afreux du mercandage.

Voilà les maux. Quels ſont les remédes ? Ils
ſont ainſi que les maux, d'eſpèces différentes.
Avec le tems, les ravages de la ſéchereſſe &
de l'épizootie diſparoîtront : avec le tems encore, nous obtiendrons une population égale à

B

la confommation. Mais eft-ce de lui feul que nous devons attendre ces heureux effets?

L'équilibre eft rompu; il faut le rétablir. Il faut encourager par tous les moyens poffibles la population. Nous devons efperer qu'à l'ombre du régime bienfaifant de la liberté, le cultivateur dégagé de toute entrave, déployant toute fon énergie, demandera à la terre tout ce qu'elle peut produire. Nous devons croire que, l'agiotage une fois annéanti par l'extinction de la dette publique, les richeffes de la capitale reflueront dans le commerce, & féconderont les campagnes; des marais defféchés offriront de nouveaux pâturages; le nombre des éléves augmentera; les moutons mieux ménagés dans nos environs, la confervation des vaches & des brebis; la furveillance fur les veaux & les agneaux, tout nous préfage le tems heureux où le produit s'élévera à la hauteur de la confommation.

Nous verrons notre heureufe Patrie débarraffée enfin de ce tribut ruineux qu'elle paye annuellement à l'Etranger, pour obtenir de lui une partie d'alimens de première néceffité qu'elle devroit lui fournir.

Mais en attendant que, par le rétabliffement de l'équilibre, le mal foit coupé dans fa racine; que doivent faire les Adminiftrateurs? Ils doi-

vent , autant qu'il eſt en leur pouvoir , em-
pêcher que le mal ne faſſe de nouveaux pro-
grès : ils doivent arrêter dans leur ſource les
cauſes les plus prochaines de la dépopulation
& du renchériſſement : nous parlons des dé-
ſordres & des abus du mercandage.

Il ſemble qu'il ſeroit facile d'arrêter ce mal
ſans porter atteinte à la liberté générale. Qu'il
ſoit dit par une loi, que *Nul ne poura faire le
commerce de Bouchecie que de Pâques en Pâques ,
que tout Boucher prendra l'engagement de tenir ſes
étaux aſſortis de viande pendant toute l'année.* Par
cette ſeule loi , qu'il eſt de notre devoir de
ſolliciter près de l'Aſſemblée Nationale, tout le
vicieux de la concurrence actuelle eſt annéanti.
Par cette loi , cette concurrence , demeure
pour l'avantage commun des marchands & des
conſommateurs. Cette loi fera partie du travail
demandé par le décret du premier juin , &
que nous ſommes ſur le point de ſoumettre au
corps légiſlatif.

Mais peut-être nous dira-t-on que ce remède , en ſuppoſant qu'il procure l'effet que
l'on s'en promet , ne ſe fera ſentir que dans
quelques mois : & on demande, pour le plutôt
poſſible , pour aujourd'hui même, une diminution dans le prix de la viande. Il eſt de l'hon-
neur d'une Adminiſtration Populaire de répon-

dre avec franchife que ce miracle eft, dans les circonftances actuelles, au-deffus de fes forces.

Nous ajouterons qu'on ne l'obtiendra même pas ce miracle, fi l'on a recours à une taxe dont il nous refte à démontrer les vices, en prouvant qu'elle a été fouvent inutile & dangéreufe, toujours abfurde & impraticable.

Nous avons, au commencement de ce mémoire, indiqué les principes généraux qui s'oppofent à toute efpèce de taxe, & qui démontrent l'abfurdité de cette mefure. Mais ces principes ont été fi conftamment méconnus par le Régime Arbitraire qui vient de paffer, par ce régime fi fécond en ordonnances, fi ftérile en bonnes vues d'adminiftration, cette Police d'alors, qui difpofoit à volonté du tréfor public & de l'autorité du Roi, qui ne connoiffoit pour moyens d'adminiftrer que l'argent & les lettres-de-cachet; cette police fi vantée, a tellement mis en vogue l'ufage de la taxe, & le Public a tant de peine à abjurer de vieilles erreurs, que nous avons crû devoir entrer dans quelques détails pour prouver que la taxe, abfurde dans fon principe, eft injufte & défaftreufe dans fes conféquences. C'eft ce que nous allons établir en démontrant,

1° Que la taxe marche directement contre le but vers lequel on veut la diriger;

2° Que, fut-elle avantageuse, il est impossible de l'asseoir;

3° Que cette mesure est odieuse, injuste, attentatoire aux droits sacrés de la Propriété;

4° Que favorable au riche seul, elle est écrasante pour le pauvre.

Quel est le motif qui fait demander la taxe? C'est l'espoir de pouvoir obtenir par son moyen un prix modéré. Cependant la taxe, loin de procureur cet avantage, se fera suivre de la disete, amenera le haux prix. Prouvons cette assertion.

On ne niera pas, sans doute, qu'il n'y a que l'abondance d'une denrée qui puisse en procurer le bas prix. On avouera également qu'il ne suffit pas, pour Paris, que l'abondance existe sur les herbages. Il ne suffit pas pour Paris que la Suisse & l'Allemagne aient des troupeaux nombreux. Il faut encore que ces troupeaux se répandent sur les marchés qui approvisionnent la capitale. Sans cela, & si nos marchés devenoient déserts, Paris ressentiroit la disette au milieu de l'abondance universelle. Ainsi pour que Paris obtienne un prix modéré, deux choses sont nécessaires, savoir:

Population abondante de bestiaux.

Abondance effective sur les marchés.

Il est clair que la taxe ne peut créer, ni mu

tiplier la denrée dans les pâturages. Il fera bientôt évident qu'elle n'appelle point le marchand
dans nos foires. Il fera évident qu'elle les éloi-
gne, & qu'elle fait difparoître la marchandife.

On eft bien convaincu de cette verité : l'intérêt feul, l'apât du gain appellent le marchand.

Nous développerons une feconde vérité qui
fe préfente d'abord fous l'afpect du paradoxe ?
c'eft qne la ville de Paris ne devra jamais l'a-
bondance de la denrée, & le bas prix de la
viande, qu'aux coups de hauffe qui fe font,
par intervalle, fentir fur les marchés.

Le commerce eft une loterie. Les marchands
font les joueurs. Il ont toujours devant les
yeux les fortes chances ; ils les attendent toujours. En vain, l'expérience de plufieurs marchés aura déconcerté leurs efpérances : qu'il y
en ait un fur vingt où le hafard des circonftances aura procuré un hauffe plus forte ; c'eft
de ce marché qu'ils fe fouviennent ; c'eft ce
haut prix qu'ils efpèrent toujours ; c'eft ce
point de vue féducteur fur lequel tous les yeux
font fixés, &, qui appellant de tous côtés les
marchands & la denrée, procure l'abondance
& le bas prix. C'eft cet efpoir qui amène des
beftiaux de Suiffe & d'Allemagne. C'eft lui qui
couvre maintenant, pour la fubfiftance de

Paris, les pâturages des ci - devant provinces d'Alsace & de Lorraine, de bestiaux achetés en Westphalie, en Franconie & en Prusse.

Admettez la taxe, & le prestige est détruit. Alors, à la chaleur des spéculations hasardeuses, qui font notre bien, succéde le froid calcul de l'homme qui a des données certaines.

Admettez la taxe, & vous vous livrez à la discrétion du marchand. Il prend sur vous ses avantages, il fait votre prix, il spécule à coup sûr contre vous. Vous pourez le voir aussi long-tems que votre taxe lui permettra des avantages ; &, dans ce cas, elle étoit inutile. Mais vous l'écartez, sans retour, ce marchand, si la taxe ne lui laisse plus de bénifice. Ce seroit une absurdité d'imaginer que les marchands des Départemens, que les marchands étrangers surtout, viendront approvisionner nos marchés, lorsque notre taxe bien connue leur assûrera une perte réelle. N'en doutons pas, l'étranger nous abandonnera. Réduits à nos seules forces, nos marchés se dégarniront : nous épuiserons nos provinces nouricières : la disete se fera sentir. Alors, mais trop tard, vous augmenterez le prix de la viande, & l'abondance ne suivra pas même les hauts prix. Alors ne fera-t-on pas obligé de rappeller, à grands frais, & par des primes exorbitantes, les marchands que des

vues étroites de parcimonie , auront écartés.
Alors , inftruit de notre détreffe , le marchand fe montrera plus difficile. Le befoin
cependant vous commandera : bientôt , éco-
nômes indifcrets, il vous faudra dépenfer, en un
mois , en une femaine , des fommes immenfes.
Nous ferons écrafés, quand la feule force du commerce , joiffant de fon entière liberté , auroit
fuffi pour entretenir l'abondance , & , par elle ,
le bas prix.

Qu'on ne dife pas que ces réfultats repofent
fur des calculs d'imagination , fur des proba-
bilités hypothétiques. L'expérience parle : il a
fallu des grands coups d'autorité , & des fommes immenfes , fous l'ancien miniftère , pour
préferver Paris des effets d'une difete produite
par de fauffes mefures , peut-être par les mefures intéreffées de l'ancienne police.

Il eft donc évident que la taxe , demandée
pour obtenir le bas prix de la viande , doit
produire la difete & la cherté.

Nous avons dit que , fut-elle avantageufe ,
il étoit impoffible de l'affeoir.

D'abord , où l'établir ? Sera - ce fur les beftiaux vendus fur pied ? Sera-ce fur la vente en
détail ? Si vous l'établiffez fur les marchés , il
eft clair que vous en chaffez les marchands, &
que la difete s'y fera fentir. Si vous l'établiffez

fur les marchés, il faut, pour agir conséquemment, l'établir fur le bœuf de maigrage, fur le bœuf en pâturage : il faut que le cultivateur qui s'occupe des éléves, en foit atteint. Toutes ces mefures font abfurdes; nous en convenons : elles n'en font pas moins les conféquences très-prochaines, immédiates même, du principe, qui eft donc une abfurdité.

A l'appui de ces obfervations, nous dirons que l'ancienne police, qui pouvoit tout, qui a tout ofé, a cependant regardé ce moyen comme impraticable. Elle n'a jamais voulu que la taxe fut établie fut les marchés : & certes, nous pouvons regarder comme impoffible ce moyen que l'ancien régime n'a pas ofé employer.

Refteroit donc la reffource de faire tomber l'effet de la taxe fur la viande vendue en détail dans nos boucheries? mais, dans cette hypothèfe, la taxe eft encore impraticable : car nous devons marquer au coin de l'impoffibilité toute mefure qui fera injufte & attentatoire aux droits facré de la propriété.

Etablir une taxe pour la viande de boucherie, c'eft établir un prix commun fur cette viande, pour un tems déterminé. La folution de ce problême nous paroît difficile, nous paroît, pour ce commerce, abfolument impoffible.

D'abord ce n'eft pas une chofe facile que

d'obtenir, d'une manière certaine & légale, le prix fur pied de chaque efpéce de viande. Le prix & le poids de chaque individu varient à l'infini. Entre deux bœufs de même poids, par exemple de fix-cents, l'un fera payé 320 ou 330 liv., & l'autre feulement 270 ou 280 livres. Il y a fouvent des différences plus marquées fur le même marché. Le plus ou le moins de fineffe & de délicateffe dans la chair caufe cette différence. Elle exifte entre deux bœufs d'une même province. Elle fe fait fentir, d'une manière plus frappante, entre les bœufs de provinces différentes.

Mêmes difficultés, même variétés de prix fur les veaux, fur les moutons. Les prix font différens pour la même efpéce, de l'ouverture à la fermeture du marché. On obtiendra bien des prix approchés : mais pourront-ils fuffire pour opérer une fixation légale ? On étoit, il eft vrai, peu fcrupuleux fous l'ancien régime : mais ce qui fuffifoit alors doit-il fuffire aujourd'hui ?

En fuppofant, qu'un jour de marché l'on pût obtenir un prix certain, & que, pour la vente faite ce jour-là, on put former un prix commun, on ne feroit pas plus avancé; car les données établies ce jour-là, n'étant plus les mêmes aux marchés fuivans, & les mêmes proportions n'exifatant plus, le prix commun arrêté au précédent marché ne pourroit plus fervir pour le marché fuivant.

Si deux jours de marché, fouvent très-prochains, ne fe reffemblent point; deux mois, deux faifons, deux années fe reffemblent moins encore. Ce ne font donc plus les mêmes prix, ni les mêmes proportions. Tantôt le bœuf eft plus cher que le mouton : tantôt, vers le mois de mars, par exemple, c'eft le mouton qui eft plus cher que le bœuf. Le prix du veau eft encore plus fujet à variation. Des caufes étrangères, imprévues, des féchereffes, des années pluvieufes, une abondance ou une difete de grains, des maladies, tout concourt à jetter dans ce commerce les différences les plus marquées, & des incertitudes d'autant plus grandes, que, fouvent, ce font des caufes très-éloignées qui procurent ou l'abondance ou la difete actuelle. Il faut au moins huit ans pour qu'un bœuf parvienne à fa maturité. Il eft donc poffible, qu'entre deux années favorables aux beftiaux, il exifte une différence étonnante dans la confommation, parce qu'une féchereffe, une épizootie aura établi, il y a fept ans, cette différence.

Il eft donc impoffible de trouver dans le paffé une régle sûre pour l'avenir. Il eft donc impossible d'établir, soit pour une saison, soit pour un mois, &, à plus forte raison, pour une année entière, un prix commun, une taxe qui repose sur une bâse certaine. Il resteroit donc, pour toute ressource, d'établir ce *prix*, cette *taxe*, pour chaque jour de marché. Dieu nous garde d'adopter une telle mesure !

Ce seroit ouvrir un champ vaste au brigandage des agioteurs. Ce seroit leur offrir pour asile les marchés de Sceaux & de Poissy. Envain nous aurions eu l'espoir de trouver, dans l'extinction de la dette publique, la proscription de ce jeu funeste sur la bourse. Il ressusciteroit sur nos marchés. Les manœuvres infernales de ces agioteurs feroient renaître ces spéculations scandaleuses qui, sur la bourse, n'ont fait qu'anéantir des fortunes particulières, mais qui, ayant lieu sur les marchés de Sceaux & de Poissy, finiroient par attirer la famine dans la capitale.

Pourquoi, d'ailleurs, s'obstineroit-on à taxer la viande, lorsque tous les autres comestibles sont libres, lorsque le porc qui se vend à la halle & dans les boutiques, n'est assujetti à aucune taxe, quoiqu'il soit singulièrement destiné à la nourriture des pauvres ?

Enfin, si aucun des comestibles n'échappoit à une taxe, il faudroit en excepte la viande qui varie tant, en qualité & en prix; & qui, depuis sept jusqu'à dix & onze sols, offre de la marchandise différente & convenable à toutes les classes de la société.

Nous devons prouver maintenant que la taxe est injuste, & qu'elle attente aux droits de toute propriété.

Nous venons de démontrer qu'une taxe, qui suivroit le cours de chaque marché, seroit une mesure défastreuse. Elle ne sera pas tentée. Il faudroit donc recourir à une taxe établie pour un mois, pour une saison, pour une année. Mais puisque nous avons démontré qu'aucune bâse certaine ne pouvoit donner un prix commun, d'après la variété infinie des prix du marché, il faudra donc fixer un prix approché & presqu'au hasard. Or, d'après ce que nous avons dit ci-dessus, qui pourra calculer les effets qui résulteroient de cette taxe presque arbitraire? Qui affirmera pouvoir donner un moyen qui ne blesse les droits de personne?

Nous disons, nous, qu'on donnera nécessairement dans l'un de ces deux extrêmes. Où la taxe sera au dessus du prix réel de la denrée, & alors c'est un vol permis au boucher sur le consommateur; où la taxe sera au-dessous, & alors c'est un vol permis au consommateur sur le boucher.

Qu'un Lieutenant de police, qu'un agent def-
pote d'un gouvernement defpotique ait tenté
& adopté la fixation d'une taxe aux dépens de
qui il appartenoit, cela fe conçoit : Qu'il ait
mis les bouchers dans la néceflité de recou-
vrer, par des moyens que la délicateffe ré-
prouve, ce qui leur enlevoit par fes fentences;
cela fe conçoit encore. Mais cela doit-il, cela
peut-il fe propofer à l'adminiftration d'un peuple libre? Neft-ce pas infulter à la majeflé du
Peuple que de lui propofer un attentat à la
propriété?

Enfin, nous avons dit que la taxe demandée
étoit une mefure favorable au riche, & contraire à l'intérêt du confommateur pauvre. En
effet, on trouve dans les étaux des viandes
faines à fept fols & à huit fols. Les bouchers
fourniffent à une quantité confidérable d'aubergiftes de la viande fans os, à huit fols. Par
ce moyen, ces aubergiftes peuvent fournir, à un
prix extraordinairement modique, une nouriture faine & abondante à cette claffe nombreufe & intéreffante d'ouvriers, & de jour-
naliers de la capitale; cette reffource leur feroit
enlevée au moment où vous taxeriez la viande.
Vous ne pourriez pas la porter à un taux
moins élevé que celui qu'avoit établi M. de Crof-
ne. Alors il arriveroit que le riche ne paye-

roit la viande que dix fols, & que le pauvre feroit obligé de la payer neuf, garnie de fes os.

Eft-ce fur le riche plutôt que fur le pauvre que l'Adminiftration, que vous nous avez confiée, doit étendre fa follicitude? Laiffons le riche contenter fa fenfualité; mais faifons auffi que le pauvre en profite. C'eft parce que le confommateur riche paye les morceaux de fon choix onze & douze fols, que le boucher peut vendre aux citoyens, peu favorifes de la fortune, de la viande à fept & huit fols.

Rejettons donc cette taxe inutile pour le bien, & fi active pour le mal.

Parlons franchement au Public, qui n'eft jamais injufte, quand il eft inftruit. Jufqu'à ce jour il a tout fait pour la Liberté; jufqu'à ce jour il a montré une conftance, un courage digne de la caufe qu'il défend. Ne pouvant réuffir à nous vaincre, nos ennemis cherchent à nous fatiguer. Tous les moyens font tentés pour jetter au milieu de nous la défiance & la défunion. Jufqu'à ce jour nous avons déjoué toutes leurs intrigues; nous avons déployé la force; nous avons montré la patience d'un grand-peuple; nous touchons au moment de recueillir le fruit de tant da travaux; nous fouffrons un peu de la cherté, mais nous ne craignons pas la difette. Nous avons déjà l'abondance & le bas prix du pain. Ne hafar-

dons rien, & n'allons pas, par des moyens incon-
sidérés, éloigner encore l'époque de l'abondance & du bas prix de la viande. Encore quelque
tems, des réglemens sages, faisant disparoître
une partie des causes de la cherté, ameneront
une diminution, légère d'abord, plus marquée
ensuite, & nous arriverons, par une pente in-
sensible, & sans secousse, à un taux modéré,
qui sans décourager le cultivateur, sans écar-
ter le marchand forain de nos provinces & de
l'étranger, permettra au citoyen peu fortuné,
l'usage bienfaisant & journalier de cet aliment
de première nécessité.

*Lu par M. Lesguilliez, le 13 Janvier 1791, en
la séance du Conseil général de la Commune, qui
en a ordonné l'impression & la distribution.*

Signé, B A I L L Y, *Maire.*

L E M O I N E, *Secrétaire-Greffier-Adjoint.*

De l'Imprimerie de LOTTIN, l'aîné, & de J.-R. LOTTIN
Imprimeurs-Libraires Ordinaires de la VILLE. 1791.

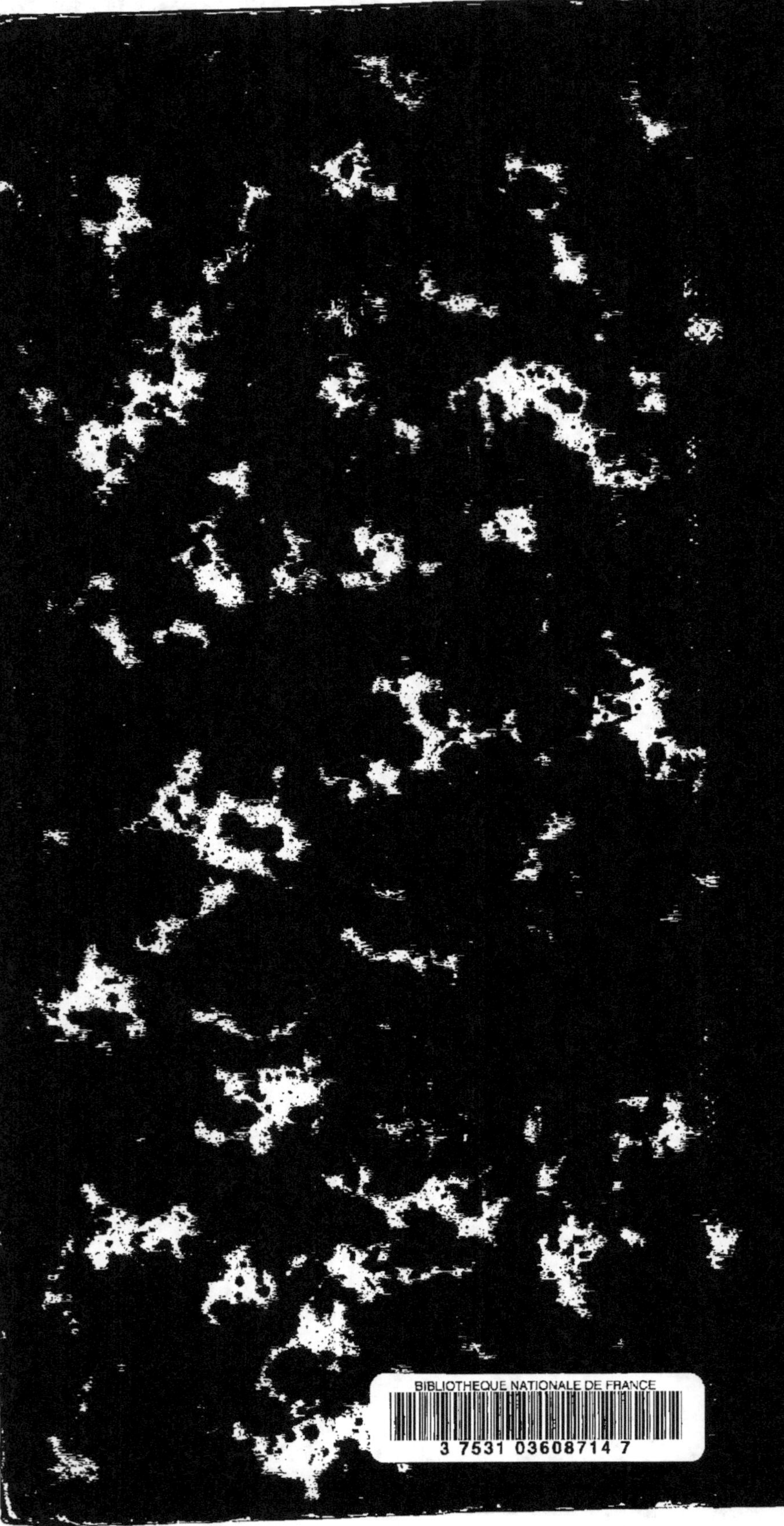
BIBLIOTHEQUE NATIONALE DE FRANCE
3 7531 03608714 7

www.ingramcontent.com/pod-product-compliance
Lightning Source LLC
LaVergne TN
LVHW010333030726
842520LV00004B/1440